I0693647

PERÍOCA SOCIOGRÁFICA DE LA CUBANIDAD

Colección Ensayo

ELÍAS ENTRALGO

PERÍOCA SOCIOGRÁFICA DE LA CUBANIDAD

Prólogo de
ÁNGEL VELÁZQUEZ CALLEJAS

Ediciones Exodus

Períoca sociográfica de la cubanidad
José Elias Entralgo Vallina (Elías Entralgo) (1903-1966)

© Prólogo: Ángel Velázquez Callejas

Primera edición: octubre de 2017
© De la presente edición: Ediciones Exodus, 2017
  Editor: Augusto Lemus Martínez
  Dirección de arte: Roger Castillejo Olán

Edición conmemorativa para la **I Convención de la Cubanidad**, 28 enero del 2018

Libro publicado con la colaboración del

Instituto Cubano de Ciencias Culturales de la Diáspora
www.cienciasculturales.com

ISBN-13: 978-1979216173
ISBN-10: 1979216177

Sumario

Santiago de Cuba

Prólogo

"Doy ahora el sentido de cubanidad al *pedazo social* humano que ha evolucionado sobre el territorio de la isla de Cuba".
Elías Entralgo: *Períoca sociográfica de la cubanidad.*

Publicada originalmente en 1947, en La Habana, por Jesús Montero (editor), *Períoca sociográfica de la cubanidad* fue incluida años después en la colección de ensayos *Lecturas y estudios* (volumen editado por la Comisión Nacional Cubana de la UNESCO en 1962). Una segunda edición de la obra estuvo a cargo de la *Editorial Unión, Colección La Fuente Viva*, no. 2., en 1996. El interés de reeditar por segunda vez la obra (Exodus, 2017) obedece al objetivo de poner a disposición del gran público lector de la diáspora cubana un texto singular de interpretación *sociográfica* insuficientemente divulgado. Elías Entralgo seleccionó el método *sociográfico* para atender unos de los temas de la época más sugestivos de la historia de la nacionalidad cubana: la razón de ser de la cubanidad.

Llama la atención que los comentarios de la historiografía sobre la obra de Entralgo estuviesen teñidos, por lo general, de una valoración *historicista*, cuando el autor de *Períoca…*, quiso además ofrecer un examen de la cubanidad a partir de la *territoriedad*: el "sentido de cubanidad al pedazo social". La evolución de la cubanidad sobre el territorio de la isla de Cuba. El enfoque *sociográfico* de la cubanidad aporta un fenómeno de la nacionalidad cubana sobre el *espacio*, aun cuando éste enfoque se vea viciado de postulados naturalmente geográficos. Uno de los objetivos centrales del libro de Entralgo es representar con sutiliza la ocupación del espacio cubano con el *sentido de cubanidad*. Para ello, Elías se remite al estudio del enfoque del *formalismo social geográfico* de la *sociografía* holandesa y de la *sociología* alemana de finales del siglo XIX y principios del XX. Pero la real fuente de inspiración deviene de dos obras americanas: *Geografía evolutiva* y *Tratado de sociología* de Eugenio María de Hostos.

Antes de adentrarnos en la consistencia de la visión *geo-social* de la obra, nos gustaría hacer alusión brevemente acerca del contexto en el que fue escrito el libro. En el ámbito cultural en que Elías Entralgo escribe el ensayo *Períoca sociografica de la cubanidad* (década de 1940), la nación cubana intentaba direccionar el rumbo para crear, tras varias décadas de crisis institucional, las bases de una autentican república. Tres acontecimientos marcan el viraje: 1– La Constitución de 1940, 2– el afincamiento del *positivismo* en las ciencias sociales y culturales, 3– clara toma de conciencia intelectual sobre los problemas de la nacionalidad y la *cubanidad*. En el periodo que va desde 1930 a 1950, la *cubanidad* fue objeto de diversos estudios empíricos, etnológicos y conceptuales.

Fernando Ortiz publica en 1940 *Contrapunteo cubano del azúcar y el tabaco*, una obra capital que va a inspirar a varias generaciones de intelectuales e investigadores a confeccionar un panorama más *asilvestrado* de la nacionalidad, donde se encuentra la labor de Entralgo. Años después de la publicación de *Contrapunteo*, el propio Fernando Ortiz dedicará diversos ensayos a esclarecer la connotación del *sentido de la cubanidad*. Sin embargo, los primeros trabajos de Entralgo en torno al tema de la cubanidad se remontan a 1935 cuando publica un breve ensayo *Esquema de sociografía indocubana*. No hay dudas que ese período fue uno de los más nacionalistas de Cuba en cuanto a trabajo intelectual y político se refiere. No vamos a mencionar todos los estudios y autores que por aquella época dedicaron el esfuerzo, desde otras perspectivas temáticas, al tratamiento del nacionalismo cubano. Cabe mencionar la labor de Ramiro Guerra en el plano económico, el estudio sobre el *colonato* y de Emilio Roig en el plano independentista. No hubo nadie, de los llamados grandes intelectuales cubanos, que durante ese tiempo dudara del discurso de la cubanidad.

Imbuido en esa atmosfera intelectual del afincamiento del nacionalismo cubano de la década de 1940, Entralgo escribe *Períoca socigráfica de la cubanidad*. ¿Qué lo motiva reflexionar la cubanidad desde el enfoque sociográfico? No era un intelectual marxista, pero estaba interesado en representar los hechos de la nación desde la *cercanía* y la *cotidianidad* sin exponerse al enfoque etnológico. Le interesaba, en rigor, la dimensión de la familia cubana, pero desde la formación de las clases sociales. De ahí que se inclinara por la evolución de la geografía social, sobre todo el enfoque de la *barrialidad* en la obra geográfica de Eugenio María de Hostos. Para llegar a los presupuestos hostosianos de que la vida humana más importante se desarrolla en el espacio geográfico más restringido, tuvo que transitar por los enfoques abstractos de la sociografía holandesa de Rudolf Steinmetz y la sociología alemana de Leopoldo Von Wiese y Ferdinand Tönnies.

No vamos a profundizar en los postulados de estos autores, ya que Entralgo en la introducción se encarga de asegurar que de Steinmetz toma la orientación descriptiva del término sociografía, "la descripción monográfica de algunos sectores de la vida social, sobre todo los pequeños, más apropiados para una observación concienzuda" y de Wiese y Tönnies el estudio del territorio determinado, "con sus habitantes, o sea, los países con sus gentes. Más ha sido un sociólogo de nuestra América el que ha precisado y sistematizado la disciplina sociográfica: Hostos".

Steinmetz fue el creador de la *sociografía* holandesa desde su cátedra en la universidad de Ámsterdam, subrayando el imperativo de una aproximación a la sociología. Desde una etnología en cierne, impugnó las bases de la geografía alemana que se entendía como una morfología del paisaje cultural. En posición de la sociografía dentro de las ciencias del espíritu, opinó que la misma no gozaba del completo reconocimiento, ya que sus fronteras no estaban claramente definidas con respeto a la delimitación del objeto de estudio. La *sociografía* para Steinmets comprobaba "…la descripción con todos los medios de las relaciones y situaciones *de* los pueblos en un momento determinado…", de cuya empírea se derivaban tres razones *tipos ideales*: el imperativo epistémico de interpretar la relación del medio *físico* con el *medio socio-cultural* y la provisión del material empírico a la sociología teórica.

El *sociógrafo* –según Steinmetz– debía ser un especialista subordinado al sociólogo con el objetivo de que este último elaborara una tesis teórica, cuestión que Entralgo no tomó al pie de la letra. Más bien Entralgo, siguiendo a Hostos, se inclinó con la vinculación de otras ciencias auxiliares –antropología–, distinguiendo la labor del *geógrafo físico*, quien mantenía una estrecha relación con los avances de las ciencias naturales. Las perspectivas que azuzan a Entralgo a la argumentación sociográfica de la cubanidad fue la idea que había que separar la *geografía física* de la *geografía humana*, pues cada una de ellas conduce al sociógrafo a estados divergentes: el de la naturaleza o el del hombre. Para convertirse en un postulado positivista de la cubanidad, la sociografía de

Entralgo cierra fila en la siguiente expresión: lo que se ha querido cerrar en sociografía, Hostos lo ha abierto. ¿Qué significa *abierto* en sociografía?

Hostos que había leído a Steinmestz según el criterio de recabar el interés de las ventajas que aportaban el trabajo empírico sociografico a la sociología se demarcó por un fundamento evolucionista. Si para Steinmetz la sociología seguía corriendo el peligro de caer en una excesiva teorización, apartándose de su verdadero camino, que era el de convertirse en una ciencia positiva, para Hostos ya era claro que desde la postrimería del siglo xix la geografía humana debía evolucionar desde los paisajes humanos más pequeños a los más abiertos. De la familia al barrio, del barrio a la ciudad, de la ciudad a la región. Entralgo escogió el entorno más pequeño, la familia para estudiar las tendencias de la evolución de los estratos sociales que conforman la cubanidad.

Necesariamente este esfuerzo de relación a lo concreto supondría lo que diferenciaría a la *sociografía* de la *sociología*, sin olvidar que ambas afrontasen el mismo objeto de estudio en toda su diversidad: el *pueblo*. Si la sociología lo hacía en abstracto, la sociografía lo abordaba en concreto: *el pueblo y sus partes*. La sociografía, que se desarrollaría a partir de la diferenciación de la geografía humana tradicional, anhelaba, con Entralgo, a conseguir en el ámbito de las ciencias culturales cubanas de su tiempo el apoyo y la especificidad como disciplina en los estudios de la cubanidad. Aunque vista, según dan fe algunos críticos, por el *empirismo subyacente* a los designios debido al punto de vista fragmentario que proporcionaba de la historia de Cuba, la historiografía positivista cubana de su tiempo, y posterior a ello no se le concedió toda la importancia en lo que se refiere a la inauguración de vías de comunicación entre la geografía y otras ciencias sociales.

Unos años después a la publicación de *Períoca* , en 1956, el geógrafo cubano Leví Marrero escribe *Historia económica de Cuba* en la cual emprendía un singular estudio de estilo *sociográfico*, pero sin todavía sacudirse el polvo de las influencias de la geografía *física*. El más notable seguidor de Entralgo, aunque nunca se haya dicho, fue Juan Pérez de la Riva. Historiador, demógrafo y geógrafo, su obra capital, *La conquista del espacio cubano*, se enmarca dentro de los cánones del método sociográfico, en esta ocasión para desentrañar la valides empírica de los fenómenos de la ocupación del espacio desde lo micros hasta las macros estructuras geo-históricas.

No vamos a detallar el contenido de la obra de Entralgo, más nos interesaba escudriñar brevemente en la base teórica y en los postulados neo-positivistas de un enfoque que demanda actualización y emprendimiento en los estudios culturales cubanos. Si esta forma de ver el mundo fue sustituida a partir de 1959 por el estremecimiento del marxismo en Cuba, es porque sus bases se confundieron con el determinismo de la lucha de clases.

Ángel Velázquez Callejas
Miami, octubre del 2017

PERÍOCA SOCIOGRÁFICA DE LA CUBANIDAD

Nota del editor: se respeta íntegramente la sintaxis y la gramática
de la primera edición de 1947.

Santiago de Cuba

I

A la sorpresa que pueda producir el título del presente estudio seguirá seguramente la más llana de las actitudes tan pronto lo aclaren explicaciones y justificaciones. Se trata de un anticipo de ideas que algún día madurarán en obra de proporciones más vastas. Por ser como el sumario de un libro futuro de mayores inmersiones, se llama *Períoca*.

Y porque esa síntesis (en disciplina de síntesis procurare mantener todo este trabajo) tiende a apartarse, complicidad y sencillez, de rigurosas complicaciones técnicas, no es de sociología, sino de *sociografía*. Al acoger este término de R. Steinmetz[1] me propongo ceñirme a sus orientaciones descriptivas.

---

1   Sebald Rudolf Steinmetz (1862 - 1940). Geógrafo de profesión, acuñó el término de *sociografía*. Su obra es desconocida en el contexto cubano. No existe una traducción al castellano. Entralgo debió leer su tesis doctoral, para designar la disciplina que se ocupa del estudio de los pueblos y de sus partes (ciudades,

No se ha especulado mucho sobre teoría sociográfica. Von Wiese[2] se ha limitado a señalar las correlaciones entre lo especial sociográfico y lo general sociológico. Tönnies se ha reducido a asimilar la sociografía a la estadística. Empero, uno y otro sociólogo asignan a la sociografía ciertas misiones que nos interesan: el primero, la de describir monográficamente algunos sectores de la vida social, sobre todo los pequeños, más apropiados para una observación concienzuda; el segundo, la de estudiar territorios determinados, con sus habitantes, o sea, los países con sus gentes. Más ha sido un sociólogo de nuestra América el que ha precisado y sistematizado la disciplina sociográfica: Hostos[3].

---

comunidades, etc.) en su peculiaridad o especificidad. Esta sociografía suministraría material a la sociología –ciencia en exceso teórica en su opinión–, debiendo sustituir a la geografía regional.

2   Leopoldo Von Wiese (1876 - 1969) fue un sociólogo formalista, profesor de sociología en la Universidad de Colonia desde 1919, presidente de la Sociedad Alemana de Sociología y vicepresidente de la Asociación Internacional de Sociología en 1954. Uno de sus principales libros publicados: *Sociología: historia y principales problemas*. (Labor, Barcelona 1932).

3   Ferdinand Tönnies (1855 - 1936), sociólogo alemán, fundador en 1909 de la Asociación Alemana de Sociología. Se le recuerda por sostener la tipologizacion ideal entre comunidad y sociedad. De su libro: *Comunidad y Asociación: El consumo y el socialismo como formas de vida*. (1979).

Lo que Wiese y Tönnies[4] han pretendido cerrar, él lo había abierto. Sin separarla de la sociología, sin negarle su esencial carácter descriptivo, la concibió como fundamentalmente analítica, y quiso que sus reproducciones "de todas las circunstancias características de un medio social" tuvieran la exactitud de verdaderas fotografías. Tales retratos de los estados sociales podrían tomarse –según él– en la generalidad de la vida humana o en la particularidad del modo de vivir, singulares hombres. De ahí surge una división de esta rama de los conocimientos sociológicos en general o dedicada al estudio de los estados sociales, y especial o consagrada a describir las peculiaridades de los grupos sociales. A esta segunda parte corresponde nuestro tema por ser de sociografía local.

Todo parece indicar que la existencia de la sociografía local, lejos de decaer, se vigoriza y crece en la cultura de la postguerra. Le antecede factores y valores desarrollados durante el periodo histórico entre las dos décadas que van del final de la primera guerra mundial al comienzo de la segunda. En esa época se fomentaron en Europa movimientos revolucionarios con aspiraciones, o al menos

---

4   Eugenio María de Hostos (1839 - 1903) intelectual educador, filósofo, sociólogo y escritor puertorriqueño. El CIUDADANO DE AMÉRICA por haber entregado su existencia a la lucha por la independencia de Puerto Rico, la unidad de las Antillas y de América Latina. Escribió dos importantes libros: *Geografía evolutiva* (1895) y *Tratado de sociología* (1904).

pretensiones, de universalidad. En definitiva, se replegaron en un superior reconocimiento de la Nación. Y es que esta última no comporta una mera forma política, sino que constituye la culminación de un largo y complicado proceso sociológico, condicionados por radicales esencias humanas. El impulso diversificador del espíritu del hombre es su núcleo inicial y atómico. Gracias a ello la psiquis humana no perece de monotonía, y, por el contrario, extrae de esa gran reserva su vitalidad creadora y trans-mutadora para luchar contra la Naturaleza y superarla. De ahí brotan las expresiones distintivas: la raza, que planta; la lengua, que sostiene y defiende; la costumbre, que facilita; la tradición, que recuerda; la institución, que trasciende; la cultura, que comprende y define.

Creo necesario también un breve esclarecimiento sobre la última parte del título de este trabajo, es decir, acerca de la palabra cubanidad. Es un neologismo que ha venido a satisfacer en Cuba, como anteriormente en la Argentina, en España y en otros países de cultura hispánica, una necesidad expresiva del idioma. Antes de que, entre nosotros, se usara y abusara de él con propósitos exaltativos o peyorativos de índole partidarista, ya se aprovechaba con elevadas miras de objetiva interpretación intelectual[5]. Doy ahora el

---

5   Desde 1925 empleaba Jorge Mañach ese vocablo en sus *Estampas de San Cristóbal*. Desde 1934 data la publicación del ensayo de Arturo R. de Carricarte sobre *La cubanidad negativa del Apóstol Martí*.

sentido de cubanidad al pedazo social humano que ha evolucionado sobre el territorio de la isla de Cuba.

Catedral de La Habana

II

Del marco telúrico no puede prescindirse. Está por elaborar una teoría sobre la conformación de las sociedades humanas a continentes, penínsulas e islas, que mejore los apuntes impresionistas y precipitados de Ángel Ganivet. Este ha sido uno de los ensayistas más respetables de la cultura española. Pero no podemos respetar el pensamiento ajeno si no empezamos por respetar el propio. Los libros –suelo decirles a mis discípulos de Sociología Cubana en nuestra Universidad habanera– deben ser como los andadores con que se nos enseña a caminar; no muletas de por vida con que vayamos exhibiendo claudicaciones mentales. Ganivet cometió, a mi juicio, sofismas de generalización con sus encuadramientos rígidos y no justificados, escogeré el grupo de afirmaciones suyas done más directamente puntualiza la sustancia de su pensar al respecto: "Comparando los caracteres específicos que en los diversos grupos sociales toman las relaciones inmanentes de sus territorios, se notará que en los pueblos continentales lo característico es la resistencia, en los peninsulares la independencia y en los insulares la agresión".

Tenemos, por el criterio del autor de *Idearium Español*, que lo característico en los pueblos continentales es la resistencia y en los insulares la agresión. Ahora bien, no hay pueblos más representativamente continentales que el alemán, situado en el centro de Europa. Empero, desde comienzos del Medioevo no se distinguió por su paciencia resistente, sino al contrario, por su agresión constante verificada muchas veces en nombre de uno de los principios más decisivamente que ha podido concebir la mente humana: el de la pretensa superioridad de raza.

Lo distintivo de los países Peninsulares, para el pensador citado, es la independencia. Pues bien, ¿existe península más típica que la italiana? E Italia fue, desde la caída del Imperio romano hasta la unidad de 1870, una dispersión de territorios dependientes razas, pueblos, naciones o Estados. Asigna el idear ganivetino a los insulares la condición de agresivos. Aquí puedo contraponerle el ejemplo que me toca más de cerca: el de la isla de Cuba. Nuestra historia dista mucho de ser Ja de una sociedad agresiva. Las primitivas razas pobladoras fueron modelos de mansedumbre. La cubanidad hispánica vivió, por lo común, a la defensiva de los ataques de piratas durante más de dos siglos.

Cuando finalizaba el primer cuarto de la centuria décimo nona ya había sonado la hora de la independencia para las colonias españolas de América, y a pesar de ello, la cubana no alcanzaría su separación hasta tres cuartos de siglo después. El insular, como tal insular, no puede ser primordialmente agresivo. El inglés no ha «ominado al mundo por insular sino por inglés, porque con su genio flemático –es decir, muy diverso a la condición agresiva– adoptó libertad, inventó la Revolución Mecánica, y puso en movimiento expansivo más por vías políticas y diplomáticas que militares. El sigiloso y calculador japonés no llegó a al Asia y penetrar en mercados de otros continentes por innata provocatividad de hombres de islas –islas temblorosas–, sino porque sumando el aumento poblatorio a Ja asimilación de la técnica occidental logró sobreponerse a las sacudidas de sus tierras insulares.

La isla parece haber sido hecha para laboratorio de Ja mejor obra de arte psíquica: a voluntad humana. Llegaremos a comprender esto mediante un desfile de antecede. ¿Qué es una isla? Clásicamente nos dicen los geógrafos que es un pedazo de tierra rodeado de agua por todas partes. Por lo tanto, en la isla es más el rodeo de agua que pedazo de tierra. El espíritu de una sociedad formada en un territorio insular es más visible, por un lado, por el lado del agua, que, por el otro, por el lado de la tierra. El estar rodeado de mar por todas partes engendra las graves preocupaciones del aislamiento; y el hombre aislado no es el que se siente más valeroso para acometer, porque carece de aquel elemento primigenio en el que, según la sabiduría vulgar y la técnica, reside la fuerza: la unión. Las islas, al aislar, predisocian. El tipo insular no recibe del medio físico sino contrariedad para integrarse socialmente.

En una famosa novela de aventuras, en la cual hay la transcripción de más realidades que en muchos hechos de la vida cotidiana, podemos observar el sentido de algunas de las cosas que acabo de sostener. Robinsón Crusoe es la acumulación de aventuras, el colmo en el aventurarse, la fiebre aventurera. Robinsón tiene tanto que hacer que no sabe qué hacer. Una de las ocasiones que se prepara para la defensa, De Foe no puede por menos que comenzar su capítulo advirtiendo las ridículas resoluciones que toman algunas veces los hombres presionados por el miedo. Digamos que las sociedades insulares son, por la matriz ambiental, miedosas; y que, a oportunidades, por miedo insuperable, se tornan agresivas. Robinsón había tenido que ir a luchar en una isla contra toda la naturaleza, como acaece siempre en las sociedades nacientes; y quien era algo así como su pariente por afinidad, Sansón, tuvo que salir a contender en nombre del individuo contra toda la sociedad, es decir, contra todos los filisteos. Robinsón arriba a la posibilidad de lo colectivo con un ansia extraordinaria, con una angustia excepcional.

Un día ve los restos de un buque. "¡Dios mío! –exclama– Haced que, a lo menos, uno solo se haya salvado, a fin de que tenga un compañero, uno de mis semejantes, con el cual pueda hablar y pasar mi vida". En el largo transcurso de su vida solitaria había deseado mucho el

Trinidad

grupo, y al fin cree que va a poderlo componer. Las islas, aisladas por la naturaleza, pueden asociar sólidamente por la cultura. Es un problema de vías de comunicación, de facilidad y rapidez de las mismas. En este sentido yo no tengo para mí que el aeroplano va a producir un cambio rápido, un vuelco, una picada, en el fenómeno de la constitución social de las islas. Lo que el mar ha separado. El aire lo está uniendo para acercar a los insulares a los otros hombres y cohesionarles sus fundamentos sociales.

La interpretación sociográfica de la cuabanidad aborigen no desmiente el juicio que antes he sustentado. Cansancio del trasiego por la tierras continentales y antillanas; refugio último en la más occidental de las segundas; huida ante el conquistador español. Bajo los signos de esos temores aparece y evoluciona la primera sociedad humana de Cuba.

Al producirse la conquista española, la sociedad indocubana se encontraba en una compleja fase de transición que confirma la nueva teoría sobre la pluralidad coexistente de las culturas. Había superado la etapa primigenia de la horda, probable –y problemáticamente- por el conducto totémico en su doble carácter religioso y de genealogía familiar (ciertos datos de su animismo permiten elaborar esa hipótesis; pero como rezago de tal situación primitiva tenían el culto fetichista y se dedicaban aún a la cinegética, si bien ya en decadencia.

La repugnancia a la promiscuidad incestuosa, consagrada en la ley, colocábalos en pleno clan, y Ja ceremonia de la desfloración colectiva prenupcial denunciaba la poliexogamia; pero la sucesión femenina en los cacicatos proclamaba el recuerdo cercano de la poliandria y del matriarcado, traídos estos dos últimos en la sociedad indocubana, como en otras primitivas, por adelantase a la mujer al hombre, en un periodo transitorio de la evolución económica social, mediante el descubrimiento de medios de vida más progresistas que la casa y la pesca, tales como los cultivos agrícolas, los tejidos de algodón y los trabajos de alfarería.

Esa iniciativa agrícola y manufacturera de la mujer –originada, en primer lugar, por su propia constitución orgánica, incapaz, debido a su debilidad, de resistir, como el hombre, las adversidades de la nomadez; y, en segundo término, por su conciencia de la especie, pues tras las desgracias y sufrimientos de la vida errante se le precipitaban los abortos– significo un paso de avance en la evolución económico-social indocubana, pero la detuvo en un larguísimo periodo de estabilización sedentaria. Tras lento proceso de siglos no logro ascender, en lo económico, más que al grado horticultural, y en lo social a la rudimentaria manifestación tribal del cacicazgo. En esa inercia puede encontrarse la causa principal de los defectos del carácter indocubano: el misioneismo, la indolencia propensa a la juria.

Los aborígenes de Cuba se exterminaron aplastados por la crueldad de la Conquista; pero esa sociedad muerta ha dejado al espíritu vital del proceso ulterior:

1) una gran herencia lexística –muy acentuada en las denominaciones culinarias, en la terminología botánica y en la nomenclatura toponímica–; 2) el material y Ja estructura de la vivienda campesina; 3) su único avanzado contacto prepolítico con la tribu, consistente en la oligarquía del cacicato.

El tajo transversal de la conquista española ha comportado acontecimientos de muy varia y trascendente significación sociológica que esperan todavía una amplia exégesis. No fue sólo el corte de un cordón umbilical de tradiciones, sino que le acompañaba un ímpetu de producir algo así como un estado de orfandad histórica. Atrás se dejaba un pedazo de vida humana social condenado al entierro. Pero era el entierro de la tierra, de la voz de la tierra, encarnado en una raza tan compenetrada con ella que se la considera por algunos autóctonos y por todos vernácula. La Reconquista –más de siete siglos de guerra– haba transmitido a los españoles de la Conquista un trágico y profundo sentido de muerte. Delante quedaba: para la historia, la mera aventura; para la sociedad, la radical lucha de raza.

La Conquista vio prevaleciente en Cuba como subsuelo, como capítulo dela economía metalista del renacimiento, como tierra minera. En la afanosa búsqueda de metales que no existían, al menos en las proporciones supuestas, perecieron los aborígenes.

Pero si Cuba no era territorio de minas, podía servir de estación de tránsito para otros lugares de América que si albergaban ricos metales. El ganado vino a significar ese valor económico de transición. Más pronto el cultivo de la caña y la elaboración del azúcar representaron mejor a otra forma de vida histórica y social: la Factoría. La raza dominadora y dominante –la española– traía la ley del menor esfuerzo para sí y la soberbia propia de todas las etnias imperialistas.

El trabajo teníalo como inferioridad y condenación. Era necesario dejar ambas maldades para otra raza infra-estimada. En el continente africano había reservas de me «al humano, fuerte, resistente, propio para las faenas agrícolas e industriales e industriales de la producción azucarera; y allí se fueron a buscar y a traer los negros, en franca Edad Moderna, dentro de las condiciones de un de una institución social desaparecida de casi toda Europa con los tiempos medievales: la esclavitud. Esta la practicaban también dentro de sí mismas las tribus africanas; más les advenía como una culpa, como un castigo por el mal comportamiento o por la fatalidad. Los reos de homicidio, robo, adulterio o deuda pasaban a ser esclavos. Los prisioneros de guerra también caían en esa condición. El hambre de tribus enteras las compelía a perder la libertad. Pero los rigores de la servidumbre atenúese cuando se realiza entre individuos idéntica lengua, de iguales costumbres, del mismo estilo de vida, en fin.

Y debido a motivos opuestos, por ser de razas distintas el amo y el siervo, la esclavitud resultaría más dura. Desde los actos iniciales verificados en África para que un hombre pasara a ser propiedad de otro, se advierte, en todos los movimientos, el triunfo arrollador del interés individual sobre el sentimiento humano. La Trata condicionaba y tipificaba, por sus propósitos preponderantemente mercantiles, a aquella manifestación histórica de la esclavatura. A los seres humanos que se escogían para explotarlos en tal negocio se les tenía por animales y se les daba el trato concordante. La aprehensión de ellos en el interior del continente africano no pasaba de ser una cacería. El envío de los mismos en grupos hacia las costas se hacía como el de los rebaños. Los barracones de las orilla africanas y cubanas y de las fábricas de azúcar presentaban los caracteres de chiqueas– El azote enarbolado por el *dioula* en África el mayoral en Cuba caía sobre las espaldas de aquellas almas como el látigo sacudido por el arriero sobre el lomo de ciertos cuadrúpedos.

La planchuela calentada con que les asignaban la marca del dueño era muy semejante a la que todavía se usa para fijar la propiedad del ganado, y el nombre de la operación, calimbar, no es distinto. En la discriminación –nunca más justo el empleo de este vocablo– con que clasificábanlos en el mercado para la ventacompra (me parece más cronológica y lógica esta inversión del término común), factores *raciales* de mayor a menor grado zoológico eugenésico subían o bajaban el precio de la mercancía humana. Los viejos, los enfermos, los

Trinidad

débiles, antes habían sido arreados al fondo del mar (Por esa selección física, aunque la incomprensión, el prejuicio, la mala costumbre, la torpe tradición o la injusticia acumulen sobre nuestros negros todas las negativas, hay un estigma que, colectivamente, no pueden probarle: el de la degeneración).

La *raza* seguía ocupando el primer plano en la estructura y funcionamiento de la cubanidad. Para la Conquista, una raza debía expoliar y exterminar a otra. Para la Factoría, una raza debía explotar a otra. La diferencia entre ambas formas de vida histórico sociográfica reside en que la una es un instinto de destrucción y de muerte, y la otra un instinto de vida. La una provenía del subconsciente bélico; la otra de la incipiente conciencia de paz.

El instinto aprehensor del mercader de la Trata desarrollado entre el interior del continente africano, las factorías de la costa y los buques negreros, se complementaría en Cuba con la voluntad de poderío del mayoral, subseguida por los contramayorales. A pesar de tratarse de tipos muy representativos del régimen esclavista, si se les analiza con profunda objetividad se llegará a la conclusión de que carecen de trascendencia social. El mercader se detenía en sus actividades exógenas, y ocultaba su codicia tras la intervención directa de varios *meneurs* que eran os que daban la cara desde África hasta Cuba. El mayoral se comportaba, sin duda, como un sádico, y quien sabe, a ocasiones, hasta como un sadista. En el contramayoral se escogían y explotaban, a veces, amén de sus condiciones sádicas, sus antiguos odios subrracicos por haber pertenecido en África a una tribu enemiga de cierta parte de la dotación que ahora mandaba, empleándose así procedimientos políticos de división de los de abajo por los de arriba. Pero fueron muy pocos los mayorales y los contramayorales en relación con el número de habitantes de los campos de Cuba; y constituyeron, por lo tanto, tipos minoritarios, que, además, por la índole del encaje de sus actividades y procedimientos en la sociedad factoril no estaban llamados a tener influencia en posteriores formas de vida histórico-social.

En cuanto a los esclavos, sus múltiples rebeliones, a través de varios siglos, niegan toda posibilidad de que llegaran a estar representativamente dominados por ninguna configuración del masoquismo. La incorporación rápida de ellos a la sociedad cubana bajo el signo del sentimiento de Patria y la conciencia de Nacionalidad demuestra que les quedaron, como representación, huellas de algolagnia pasiva y activa. Y tampoco una neurosis compulsiva algolágnica les ha impedido ser sumandos cohumanos en los ciclos de la Separación y la Independencia. Lo que sí parece probable es que se les hayan manifestado, por la organización economicosocial en que padecieron el complejo de trabajo, algunos sentimientos de inferioridad, con sus consecuencias: abulia, incuria, resentimiento... y, con descenso de perversión, el fetichismo.

Eso último ha tenido mucho que ver con el régimen de castas en que se estancó la cubanidad durante más de tres centurias. A través de ese tiempo vegetaron, sobre el suelo de Cuba, dos apartadas humanidades: peninsular y como volcada hacia fuera la ibérica, continental y como metida hacia dentro la africana; paleohistórica la una, y ahistórica todavía, la otra; con todas las viejas experiencias de la civilización la primera, y con todas las nuevas sorpresas de la salvajes la segunda; en creciente minoría aquella, en abundante mayoría esta; con todo el capital allá, y con todo el trabajo aquí; con la familia, compuesta por el orden matrimonial entre los factorizantes, y no integrada, por el desorden concubinario, entre los factorizados.

En el aislamiento de los campos, el instinto y la necesidad, aunados al mayor número de mujeres negras, determinarían ciertos contactos sexuales entre los blancos amos y sus esclavas. En la frecuente comunicación que, en las poblaciones, tenían las familias con sus siervos, nacería un mejor trato de aquellas para éstos y una mutua compresión. Así, pues, el mulato campesino en lo físico, y el esclavo urbano en lo espiritual, son los primeros tipos yuxtapositivos en el tránsito de las castas factoriles a las clases nacionales. Tal proceso se intensifica dentro cerco del siglo XIX. Hacia la primera década esa centuria todavía lo racial recoge las diferencias *cásticas*, pero ya se muestran otras distinciones traídas por las actividades económicas o por el lugar

Ingenio azucarero (litografía)

de nacimiento. En mis años de estudiante de Derecho Político (Segundo curso) solíamos trazar en la pizarra, durante una de las clases de Juan Clemente Zamora, el siguiente esquema de la sociedad cubana en esa época (1800 y años siguientes) que reproduzco con algunas ligeras alteraciones introducidas por mí:

Negros: {africano y cubanos {puros y mulatos {Esclavos o libres

Españoles: {Burócratas, militares y comerciantes

Cubanos blancos: {Campesinos, propietarios rurales y urbanos

En esa estratificación social de media centuria, más o menos, los hombres de color oscuro en condición de libres formaban una clase reducida de artesanos, generalmente albañiles, zapateros o sastres. Sus ingresos les alcanzaban para vivir módicamente al día bajo sus respectivas aspiraciones, que subían, de menos a más, por ese orden en que acabo de colocarlos, que era el de menor a mayor libertad en el trabajo, el de menor a mayor roce con las jerarquías sociales y el de menor a mayor responsabilidad personal en la tarea.

De los españoles, los burócratas traían la inestabilidad desde los orígenes. Se designaba en la Metrópoli comúnmente a uno de estos tres tipos:

1) los que habían delinquido, pero gozaban de poderosas influencias para seguir viviendo a costa del Estado

español, aunque apartados de los focos centrales de la administración pública;

2) los destituidos, por incapacidad, de sus empleos en las oficinas peninsulares;

3) los que no conseguían altos cargos en la propia España, y con el destino a Ultramar se creía compensarlos. Las tres clases de burócratas solían ocupar sus escritorios criollos con el casi único deseo, con el atan más bien, de enriquecerse por procedimientos deshonestos e ilícitos. Tan pronto lográbamos con facilidad y rapidez, retornan a sus lares nativos, sin dejar de su paso por la Isla, patrimonio económico, aspiración política ni obligación moral.

El militar, por la índole misma de su misma, también venía dispuesto para la inestabilidad. Tenía que cuidar del orden público durante el tiempo que se le ordenaba. No convenía a las tradiciones del cuerpo de que formaba parte, ni, en este caso, a los motivos políticos de dominación del Estado al que representaba, el que se relacionase con el pueblo. Por su permanencia en el cuartel, vivía aislado de la sociedad cubana. A este respecto constituía una excepción, pero no muy amplia, la parte liberal de la oficialidad que estaba afiliada a la masonería, que por ello venía a ser una élite de comprensión y un oasis de buen trato para los cubanos.

Los comerciantes se arraigaban más a nuestro suelo que los dos órdenes anteriores. No les faltaba, en

Bayamo

principio, el carácter aventurero de los burócratas y el trashumante de los militares; pero no dependiendo del Estado sino de sus propias individualidades, viniendo generalmente destinados a establecimientos de parientes, teniendo que relacionarse, por sus negocios, con la vernaculidad, y neceando de algún tiempo para adquirir la riqueza, se casaban con mujeres del país de adaptación, tenían descendencia cubana, moraban y morían en Cuba. La tradición económico-política de sus nativas regiones metropolitanas pesaba decisivamente en la conducta partidarista que observaban en la nueva tierra de adopción: los catalanes, por industriales, seguirían tendiendo a la liberalidad; los de las provincias del Norte, por agrarios, conservarían su conservadorismo.

Los campesinos, casi siempre procedentes de Islas Canarias, encontraban afinidad telúrica insular. Formaron un proletariado naciente, entregado a la siembra y cultivo del tabaco y de los frutos menores. Sin precedentes autárquicos, casi sin tradiciones históricas, víctimas del analfabetismo, en el naufragio de su complejo de inferioridad se asieron a las costumbres aborígenes.

Los propietarios rurales y urbanos no podían ser muchos por razones económico-históricas. La población blanca había aumentado con mucha lentitud en toda la larga distancia de siglos en que la Isla fue subestimada al papel subalterno de lugar de paso. La economía careció, durante todo ese tiempo, de variedad en los estímulos. La Ganadería y la caña de azúcar ocasionaron" desde las primeras épocas de la Factoría, el latifundio y la concentración de la propiedad en pocas manos. La urbanización de poblaciones fue tarda. Pero, en definitiva, el Iluminismo, el Progresismo, la Revolución Mecánica, trajeron a fines del siglo XVIII y comienzos del XIX un mayor desarrollo urbano. Y antes de 1868 la complejidad de la elaboración azucarera exigiría dividir la parte agrícola de la industrial. Debido a tales causas –y sin olvidar la desmembración de la propiedad, engendrada al difundirse las herencias una vez desaparecidos los mayorazgos– fueron aumentando en número los propietarios. Las bienandanzas de la riqueza propiciaron a esta clase social el adquirir la amplia experiencia de un variado contacto con el mundo. Sus descendientes se educan rían y cultivarían fuera de Cuba, preferentemente en Francia y en los Estados Unidos. Aprenderían los idiomas de esas dos naciones y se formarían en el sentido político de ambas democracias contemporáneas. Propietarios rurales y urbanos encabezarían, con criterio liberal y democrático, el movimiento Anexionista y el Reformista, si bien más surtidos de las amplias razones de la Enciclopedia que de los fuertes alegatos de los panfletarios de Filadelfia.

Si exógenas eran tales influencias ideológicas avanzadoras, otras no menos exógenas gravitaban sobre la institución antigua que entorpecía mayormente el verdadero desarrollo de aquellas: la esclavitud. Existía toda una cuestión internacional en la que el interés metropolitano y factoril de España tenía que mirar tanto para Inglaterra, ya abolicionista, como para los Estados del Sur de la Unión, todavía esclavicionistas. Los liberales cubanos, desde que comenzaba la tercera década «el siglo XIX hasta que se fueron sumando os años de la sexta, no perdían de vista aquejas dos orientaciones estatales: los atentos al sur de los Estados Unidos deseaban el mantenimiento de la esclavitud con ciertas condiciones, mientras los atentos a Inglaterra aspiran a la persecución de la Trata; pero unos y otros tendían a que no se extendiera e intensificara la servidumbre, tratando más bien de humanizarla.

Perdidas las esperanzas que habían puesto los anexionistas en los Estados Unidos, y las que tenían los reformistas en España, la conciencia de la nación cubana, sembrada en el distanciamiento geósico ordenado por la Naturaleza, enraizada contra el impositivo, conquistador y despótico asimilismo de las Leyes de Indias y de la Real Orden de las Facultades Omnímodas (año 1825), entallecida en la cultura y en las ideas morales de ciertos colegios cubanos, florecida económicamente al implantarse el impuesto directo (año 1867), fruteció en la insurrección iniciada en 1868.

A la historia de las rebeldías cubanas han aportado su trabajo, su abnegación y su sacrificio tres ejemplares de hombres: los conspiradores, los emigrados y los insurgentes. Los primeros las propagan en las poblaciones, los segundos en el extranjero, y los últimos en los campos.

Teniendo en cuenta, dentro de esas categorías, que de 1868 a 1878 hubo revolucionarios de todas las regiones de Cuba, puede considerarse a tal acontecimiento histórico como nacional, aunque e espacio ocupado por la guerra, desde el a o cubano, se localizara casi siempre en las provincias de Oriente y Camagüey y no se extendiera, en sus momentos de mayor expansión, más allá de Matanzas.

Al llegar a esa fecha crítica de 1868 es preciso que trace otro cuadro, pero esta vez muy distinto del que escribíamos en el aula de Juan Clemente Zamora:

Clases bajas: {Esclavos, Proletarios, Campesinos.

Clases medias: {Burócratas (españoles y cubanos), Militares (españoles peninsulares) + voluntarios (españoles insulares y cubanos). Comerciantes detallistas (españoles).

Clases altas: {Terratenientes y propietarios industriales (cubanos). Altos comerciantes importadores y exportadores (españoles).

De seguida nos vienen a la mente, por inevitable asociación de ideas, los corchetes que establecían la división anterior a comienzos de la centuria décimo nona. Entonces las clases sociales aparecían separadas primordialmente por causas raciales y étnicas; y ahora se distinguen principalmente por motivos económicos y políticos. Al empezar el siglo, los negros se ubican en un lugar, los españoles en espacios distintos, los cubanos blancos en otro; y cuando sobrepasaba bastante la segunda mitad de esa época, hay negros y blancos en las clases bajas y en las medias, y hay españoles y cubanos en las tres condiciones sociales.

Hacia 1868, los negros esclavos importados van disminuyendo por las persecuciones que recibe la Trata bajo el signo de una más depurada conciencia internacional y por la cesación de la esclavatura en los Estados Unidos con la victoria de los liberadores ejércitos norteños sobre los que defendían la retención opresora de los negros en el Sur. Subsiste el artesanado negro que, como en el período anterior, se dedica a ciertas labores, pero ya en esta otra época luchando a brazo partido con la rivalidad de la mano de obra gratuita del esclavo urbano, en algún oficio, y en otros con la naciente competencia del obrero blanco. También se prolongan los campesinos o guajiros sobre bases de inercia muy semejantes a aquellas en que los presentamos en la etapa anterior.

En las clases medias, los burócratas no son exclusivamente españoles, sino que se e ha dado cabida a los cubanos, aunque a pocos. Para el cuidado del orden público, antes solamente en manos del ejército español, se finido en estos tiempos los cuerpos han añadido e compuestos por barrios de todas las azas.

El pequeño comercio, de venta al detalle, continuaba únicamente en poder de españoles. Entre las clases altas, además de las diferencias políticas que ya he señalado como punto de partida, hay que apuntar una agregación

Ingenio azucarero (litografía)

a los terratenientes cubanos que todavía no es segregación: los profesionales, destacadamente los abogados.

Por esa zona social empezaría la insurrección de 1868. Todos los *leaders* revolucionarios que comienzan a conspirar, a emigrar y tomar las armas eran terratenientes, industriales azucareros y profesionales, sobre todo abogados, de raza blanca. Varios de esos hacendados descendían de los primitivos latifundistas factoriles. A pesar de que, por tradición y hasta por herencia, debían tener endurecida la sensibilidad social en el respeto intangible a la Propiedad Privada bajo el concepto romanista del uso, disfrute y abuso de la misma, expusieron sus grandes bienes de fortunas a las represalias –sospechable por conocidas– de las autoridades políticas españolas (al cabo tal riego se remató en las confiscaciones de bienes) y libertaron a sus esclavos. Estas dotaciones negras de los ingenios azucareros nutrieron las filas de los soldados de la insurrección.

Ninguna interpretación parcial de la sociedad y de la historia podrá abarcar y comprender esas actitudes desprendía rosas, de aquellos ricos cubanos. A mi dictamen podemos acercarnos a la interpretación verdadera del fenómeno si penetramos en la atmósfera que respiró el sentimiento de Patria y la conciencia de Nacionalidad de los cubanos desde sus inicios: el fluido del Romanticismo, o sea, de una locura genial. La razón histórica depende así, paradójicamente, de la demencia. Todo era romántico en aquellos cubanos del siglo XIX –sobre todo en los representativos– desde los rasgos faciales e indumentaria, pasando por las pasiones, emociones, hasta llegar y a la actitud integral ante la vida y frente al mundo. Las decisiones económicas y sociales que registre en el párrafo anterior estaban absorbidas por principios políticos románticos. Conceptos y vocablos del mas rousseauniana, llenaron las páginas de los documentos revolucionarios: de las cartas, los panfletos, los manifiestos, los periódicos Románticos fue el lema disyuntivo de la Revolución: "independencia o muerte".

Románico era el propósito, que algunas veces se pudo ejecutar, de suicidarse antes de caer prisionero del enemigo. A grados de culminante romanticismo ascendió la Asamblea de Guáimaro al lanzar la mirada hacia el porvenir pacífico del Estado cubano con normales concepciones jurídicas, apartándola de la urgencia anormal del presente bélico. Aquellos convencionales pusieron a funcionar la imaginación, sobre normas futuras, y quitaron la observación de los hechos inmediatos. Por esas radicales contradicciones y contrariedades del Romanticismo hay que explicar el apogeo y la declinación de la lucha insurreccional de los Diez Años, por ellas hay que justificar la vida y la muerte de la Revolución patriótica cubana. En las maniguas, en las villas y ciudades, en el exterior, los revolucionarios cubanos se dividían por ideas pocas –por centralización o descentralización, por militarismo o civilismo, por ejecutivismo o parlamentarismo– cuando estaban más necesitados de unirse para la contienda armada.

Fue esa la gran proclividad hacia el fracaso de un acontecimiento histórico que había ido sumando elementos para la victoria hasta datos propicios para el éxito. Tuvo la suerte o la intuición de hallar las personas representativas oportunas para transmutar cada instante crítico en momento orgánico: para pasar de la paz a la conspiración, encontró al hombre discreto y prudente; para traspasar de la conspiración al estallido insurreccional, al hombre audaz y resuelto; para reponerse de la primera rota, rehacer los cuadros e imprimir organización y disciplina militares, –todo ello cosechado luego en avances y triunfos–, a los hombres experimentados en la guerra provenientes de tierras ajenas pero de latitudes afines.

La insurrección fue más táctica que estratégica, o para decirlo mejor: ganó en sus tácticas parciales y perdió en su estrategia total. Es necesario ventilar esto. Los revolucionarios estaban *a priori* adaptados a la naturaleza, cuyos inconvenientes y ventajas conocían muy bien, y esto les fortalecía la salud y les reforzaba la moral. Pisaban no solo tierra nativa, sino territorio privativo, y esto le facilitaba la tenencia de provisiones. Carecían de armas, al principio, y se decidieron darlas de los cuarteles del enemigo. Atacando por sorpresa y empleando la guerra de guerrillas realizaron las operaciones más adecuadas a su *status* bélico. Llenaron a burlar las trochas militares en que tanto confiaba la ingeniería y la belicología del ejército español. Pero la estrategia total llamada a decidir la ganancia bélica para los insurgentes latía en la invasión de las provincias centrales y occidentales con el objetivo de dejarlas en permanente situación de guerra. Del lado contrario hubo, durante los cinco primeros años de la pugna, una situación política y militar que se podía batir en brecha, pues España cruzaba por el lustro más inquieto, desorientado y convulsivo de su turbulenta historia del siglo XIX; y eso se alejaba en su ejército, falto de unidad, roído Por opiniones y aspiraciones políticas. Mas las causas antes apuntadas, que fraccionaban el espíritu revolucionario en todos sus sectores, impidieron la cohesión necesaria para acometer la ingente empresa invasora, hasta que la rebelión, minada por tendencias facciosas bizantinas, llegó a disgregarse.

La insurrección no venció en 1878; pero la revolución convenció, en gran medida a la sociedad cubana y le alteró tanto sus bases fundamentales que el lugar de las clases directoras que iniciaron la acción insurgente, aquellos terratenientes, propietarios industriales y profesionales blancos, lo ocupaban, al final, y como caudillos sagaces y eficaces, antiguos campesinos, muchos de ellos mulatos y negros.

Dos impotencias, la impotencia cubana para expulsar la dominación española y la impotencia española para exterminar la rebelión cubana, confluyeron en una tran-

Capitolio de La Habana

sigencia. La revolución no llegó a la meta de sus últimos fines; pero alcanzó, por lo pronto, cierto reconocimiento de la personalidad cubana; ganó, para luego, promesas de igualdad constitucional con las provincias peninsulares, y obtuvo la convalidación plena de la libertad para los esclavos negros y colonos asiáticos que militaban en las filas insurrecta.

Una nueva era se abrió para la sociedad cubana. Se produjo, por lo pronto, un trasiego de generaciones. Los jefes insurrectos firmes en su inconformidad con toda fórmula evolutiva, emigraron, para impedir, desde el extranjero, que se apagara el fuego sagrado del culto a una tradición revolucionaria que ya iba contando hasta con leyendas y mitos. Los soldados se recluyeron en la subalternidad y la pobreza de sus modestas viviendas. Una generación, en su casi totalidad compuesta de profesionales graduados en las universidades españolas y en la Universidad de la Habana dentro de pautas hispánicas, y en su casi totalidad inestrenada en la vida pública, asumiría la responsabilidad de plantear la solución autonómica al problema cubano, utilizando un ambiente de más tolerancia gubernativa, de más respeto a las garantías individuales y a las libertades públicas, que el que había existido hasta 1878. El Autonomismo se distinguió del Anexionismo y del reformismo en que no fue el movimiento aliado de un grupo distinguido que concentraba casi todas sus actividades en la capital de la isla, sino que se organizó como partido político con dirigentes y afiliados nacionales y locales hasta los últimos rincones del país. Ahora bien, debe señalarse que, por los varios procedimientos de sufragio implantado, siempre bastante restringidos, no pudo aquella agrupación política bajar de las clases media cubanas.

Por eso sus tribunos no tuvieron que hablar al aire libre, sino bajo los techos de teatros y asociaciones; y el estilo de aquellos, en conceptos y palabras, no podía ser entendido sino por multitudes de cierta ilustración, sobre todo cuando el analfabetismo llegaba a cifras muy altas. Las clases medias cubanas, pues, encontraron en esa tendencia política su vehículo de expresión, y llenaron sus filas; y el Partido Liberal Autonomista les pagó su simpatía y su entusiasmó conglutinándolas e imprimiéndoles conciencia de su unidad y de su fuerza. Coligación encabezada, en gran número, por abogados, asemejaría las luchas políticas a pleitos terminados por transacciones o sentencias. Cada ley administrativa o civil de España aplicada a Cuba por acuerdo del Parlamento o resolución del Ministerio de Ultramar era algo así como una sentencia judicial. Así fueron logrando transformar el régimen colonial en provincial. Tuvieron una actitud eminentemente racionalista, que depositó toda su en la razón, subordinándole la voluntad y subalternándole la sensibilidad.

Por eso, amurallados en la razón, petrificados en la razón, condenaron enérgicamente las manifestaciones de la violencia, las expresiones de instinto, de pasión, de emoción o de intuición al paso con la Guerra Chiquita o que se les fueron encima con la insurrección de 1895. Empero, hay que recordar aquí que los autonomistas no fueron indiferentes a la tragedia de ciertas clases populares, que no escatimaron esfuerzos racionales de propaganda –la prensa, la tribuna política y parlamentaria…– para limar las últimas cadenas de los negros esclavos, las cuales lograron romper en 1886 con la abolición del Patronato.

La confiscación de bienes de los cubanos sublevados dispuesta por los gobernantes españoles, la devastación de más de dos provincias y el quietismo en punto a fomento a que estuvieron condenadas las demás durante una década, la fuerte competencia al azúcar y al tabaco en varios mercados, la abolición social de la esclavitud, presentan un distinto cuadro de 1895:

Clase Populares: {*Propietarios urbanos* (cubanos blancos, mulatos y negros, principalmente tabaqueros) *Campesinos* {Cortadores de caña (negros); Trabajadores en trapiches (amarillos), Cultivadores de tabaco (blancos).

Clases Medias: {*Profesionales e intelectuales* (cubanos blancos), *Burócratas* (muchos españoles y pocos cubanos blancos), *Militares* (españoles peninsulares), *voluntarios* (algunos españoles insulares, muchos cubanos blancos y no pocos negros), *Comerciantes detallistas* (españoles).

Clases Poderosas: {Terratenientes *y propietarios industriales* (españoles), *Grandes comerciantes importadores y exportadores* (españoles).

La ideología que mantuvo la predica revolucionaria se siguió fundado, Prevaleciente, en el Romanticismo, más algo acompañada del Positivismo; y el pensamiento político continuó siendo liberal, democrático y republicano, aunque con poco de socialismo. Los *leaders* y las masas que en el extranjero organizaron los clubes y contribuyeron con sus monedas para la preparación de expediciones, procedían de las clases populares, eran tabaqueros los más, antiguos campesinos que habían vuelto al agro los menos. Andando la conspiración, se incorporarían los intelectuales, y creciendo la insurrección se sumarian los profesionales. De los poquísimos cubanos ricos que quedaban, algunos no tardaron en dar muestras de su sensibilidad revolucionaria con cuantiosos y oportunos dineros.

El chispazo insurreccional viene inmediatamente presidido, como en 1868, de un motivo económico: esta vez no es el tributo español, sino el arancel norteamericano con la aplicación de la cláusula Aldridge. Pero el conjunto histórico revolucionario había hecho toda su carga sobre un sentimiento de patria y una conciencia de nacionalidad definitivamente formados. Un factor étnico, aún no estudiado en general y mucho menos en su aplicación a aquellas circunstancias, resulta decisivo entonces: el mulato. Los negros, a medida que se iban liberando, salían, huían más bien, de los campos –recuerdos para ellos de seculares tormentos– y se establecían en las poblaciones, donde siempre se les había tratado mejor. El contacto entre grupos más numerosos de gentes blancas y negras produjo un gran aumento de los mulatos.

El proceso de mulatizacion en sus varios matices estaba en apogeo al hacerse esta nueva llamada independentista. Y a ella respondió por abajo y por arriba, con cantidades de muchedumbre mulatera y con calidades de dirección mulatezuda, nuestro mulataje. Si se me pidiera una palabra con la que calificar concentradamente aquella mulata obra política en la conspiración y en la guerra, daría ésta: habilidad. Habilidad sigilosa, discreta, tenaz, llena de gracia, para sumar adeptos y alejar enemigos. La Invasión –que ha sido, sin duda, el esfuerzo colectivo más notable realizado hasta hoy por los cubanos– fue un empeño mulato, por los hombres y por los nombres, por sus soldados anónimos y por sus jefes famosos. La Invasión, obra ingente a la vez guerrera, política y social, separó a la nación cubana de la dominación española; pero al introducirse a la hora nona la intervención de Norte-América, el naciente Estado cubano tuvo que decir sus primeras balbucencias con una soberanía en tutela o curatela. Esta es la trayectoria que desde las alturas políticas se ve obligada a recorrer la sociedad cubana entre 1898 y 1933.

La insurrección de 1895 había compra y cerrado la unificación de la sociedad nacional cubana; pero ahora había que dar otro paso hacia la sociedad estatal. La intervención militar norteamericana no estaba capacitada para comprender cabalmente la magnitud del problema. Era necesario –es necesario todavía hoy– abarcar por todas sus partes nuestra varias y sostenidas formas de vida histórica para estimular sus sanidades y destruir sus morbosidades. La primera intervención militar norte-americana ignoró la supervivencia de la *Aborigeneidad*, y no hizo nada por higienizar v adecentarla, vivienda campesina ni por sentar las bases de un régimen político que hiciera imposible el retorno de la oligarquía caciquil.

Con su corto buen ejemplo no tuvo tiempo bastante para erradicar los sedimentos exterminadores de la vida humana característicos de esa ulcera latente de la Conquista, y no tardaron en reaparecer con su instinto cruel. Atacó y venció, bajo su directa responsabilidad, ciertos vicios de la Factoría –la corrupción administrativa, la Rente de Lotería, el juego de gallos, el analfabetismo…-; pero careció de justas tradiciones ejemplares para desechar el defecto, entre nosotros factoril, de exclusión radical, y no hizo nada por destruir los cimientos económicos de la factorización, de los cuales, en el andar del tempo, se aprovecharían con creces los capitalistas de su país.

Respeto bastante muchas de las esencias de la Colonización hispana, y no logro que asimiláramos saxo-americanas. Se aconsejó e inspiro, para no poco, en el mejor del sentimiento de Patria y la conciencia de nación de nuestra sociedad, mediante sus serios y altos hombres de pensamiento; pero, en definitiva, mantuvo invariablemente la línea de a de desconocer la Personalidad cubana, y por aquí o por allá, procuró irle mutilando al nuevo Estado los nervios vitales de la soberanía. La sociedad cubana, detenida en su ánimo ascensional, tendría un gobierno propio muy cercenado en su autarquía, hasta ofrecer la imagen de un árbol tronchado. Careciendo todas las clases sociales cubanas de experiencia directa en el funcionamiento del Estado republicano, y hasta de educación en tal sentido, tropezarían con no pocos obstáculos por el desconocido camino de ese régimen político, y se caerían, se golpearían, se lastimarían y hasta se desangrarían.

No estando la cultura extendida por todos los ámbitos del cuerpo social, sobre todo en la su zona cívica, la república democrática funciona sin rectitud, porque le la Pieza fundamental de la ciudadanía. De ahí que la *escobita nueva* de una Republica con el primer magistrado salido del mejor magisterio –la República honesta y modesta concebida como grandeza moral para contraponerla a la pequeñez telúrica, poblativa económica, militar y naval, la República libre en las ideas y en los procedimientos, democrática en las costumbres, administrada por manos honradas y eficientes, la República con "más maestros que soldados"– *barriera* bien muy poco tiempo. Eso duraría lo que el tránsito de un bólido.

Holguín

Cuba se había separado de España; pero no se había independizado de ella, y no tardaría en mancharse con todas las sociedades de Conquista y Factoría: la inseguridad en los campos, la carencia de respeto a la vida humana por la fuerza pública, la impunidad delictiva, el juego oficial y el privado convertido en público rural y urbanamente, el empleo de la violencia en las campañas del sufragio con un explicable saldo coactivo de triunfo para los candidatos gubernamentales, el soborno y el fraude electorales y administrativos, la burocracia del Estado apreciada como botín de los partidos político, vencedores y la consiguiente derogación de los servicios públicos, el peculado, el crecimiento de los cuarteles y la disminución de las escuelas, el aumento de la deuda pública. Además, se escindiría el país, durante el primer tercio del siglo xx, en las dos grandes divergencias anti-democráticas que han padecido las otras repúblicas iberoamericanas desde el segundo cuarto de la centuria décimo nona: la centralización, la ejecutividad, a veces dictatorial, a veces tiránica, de los gobiernos; o el libertinaje y la anarquía de las oposiciones.

Ese cúmulo de circunstancias adversas se desarrollaba al mismo tiempo –durante el primer tercio de siglo de Separación (1899 - 1933)– en que primero fue necesario restaurar los daños ocasionados por la guerra separatista, y después fue preciso empujar el "progreso económico". Aquella tarea de recobro la reclamaban un pueblo enfermo, debilitado por la miseria y el hambre, sobre todo por la Reconcentración, una ganadería aniquilada, unos campos de caña arrasados. Tras esa obra, vino la constructiva: se saneó la población, hasta acrecentarla, mediante los consabidos medios de disminuir la mortalidad y aumentada la natalidad, en un cien por ciento; se impelió el comercio, hasta transformalo, por sus instalaciones, sus procedimientos de venta, sus formas de anuncio y su créditos, en uno de los más sólidos del mundo; se impulsó la industria, hasta versificarla en más de cien operaciones distintas (antes de los aranceles de 1927) y admitirle contar entre sus obreros a una décima quinta parte de los habitantes. Pero uno y otro esfuerzo se han realizado al margen del Estado o teniéndolo en frente. Para la capacidad de empresa y de iniciativa privadas, el Estado cubano de la época de Separación, remedando a su antecesor el de la ex-Metrópoli, no ha sido brújula, timón ni hélice, sino lastre[6].

La siguiente figura geométrica me parece que puede servirnos de punto de partida para esclarecer la comprensión del fenómeno:

---

6   Compárese el funcionamiento, por ejemplo, de la Sociedad Económica de Amigos del País, de los colegios privados o de las urbanizaciones de Marianao con cualquiera de las instituciones públicas. Para mayor elocuencia, compárese el desenvolvimiento de esas propias urbanizaciones de Marianao cuando dependían de empresa particulares y cuando han pasado a poder del Municipio, o el de los acueductos administrados por compañías privadas y el de los administradores por el Estado.)

Nación Cubana: {*Actividades privadas y publicas*
{*Estado* (partidos políticos)

En efecto, la sociedad nacional el, en el vértice, del cual se han ido separando, en la época a que ahora me refiero, por un lado, las actividades privadas, muchas de las cuales faenen categoría de públicas, y por el otro lado el aparato estatal tenido como patrimonio exclusivo de las oligarquías políticas turnantes en el gobierno, que manejan la cosa pública como *res privata* al igual que el antiguo derecho civil de Roma con su *jus utendi, fruendi et abutendi*. De acuerdo con este concepto, casi todos los dirigentes (presidente, de la República, legisladores, secretarios de \ despacho, sub-secretarios, directores, altos jefes militares, navales, etc.) y no pocos de los dirigidos del grupo político que ocupa el poder público, deben enriquecerse con los ingresos del erario, y destinar una parte de tales fondos a sostener la secundaria burocracia de adictos.

Como para llegar al empleo oficial no se requiere ninguna capacidad técnica en la inmensa mayoría de los casos, sino militancia activa a favor de la tendencia política triunfante en los últimos comicios, o a veces ni eso pues basta tan sólo con tener influenza entre sus jefes –aunque se pertenezca al bando contrario o no se esté afiliado a ninguno–, el burócrata o militar, lejos de advertir por parte alguna la misión integral del Estado lo que tienen muy cerca, constantemente, es el movimiento

Matanzas

unilateral de los politiqueros que gobiernan. Como el contribuyente observa la deshonesta e ineficiente manipulación de las recaudaciones, la escasa cantidad de las mismas que se devuelve a la circulación en obras de fomento, procura no pagar los impuestos o pagarlos en la menor cuantía posible. Así, en un círculo vicioso, gobernantes y gobernados, revelan la poca creencia que conceden al Estado, la carencia que tienen de sentido del Estado, por lo cual éste se evapora en apariencias nominales, en signos y símbolos, en bandera e himno.

Un Estado de esa naturaleza, al que le entra por todos los poros una absorbente Política elementalmente partidarista, cominera, de primigenio individualismo, disociadora, que tiene en el comité de barrio su organismo significativo, sin concepción amplia del servicio público, no ha podido propagar en el país ideas éticas ni dotarlo de valores culturales. Y a la ambición impúdica de los políticos s ha correspondido la desconcertada indiferencia de los ciudadanos, los cuales, faltos de un estadista en toda la etapa «publicano, han enido que agarrarse, en una me memorización ineficaz por lo formalista, al pasado de la sociedad nacional y a los patriotas representativos que la elaboraron durante el siglo XIX. El resultado ha sido un escepticismo disolvente, dentro del cual no ha podido fraguarse la autogenia que efectúe la sólida fusión de las siguientes clases de la sociedad estatal:

Clases Populares: {*Campesinos* {Cortadores de caña (algunos españoles, muchos cubanos de todos los colores. Hacia la segunda quincena del periodo: creciente aumento de haitianos y jamaiquinos)

{*Trabajadores en trapiches* (cubanos y chinos)

{*Soldados* (cubanos blancos, mulatos y negros, y algunos españoles), *Obreros urbanos* (cubanos de todos los colores, y españoles con gran mayoría de gallegos y asturianos)

Clases medias: {Burócratas *de Estado* (cubanos blancos en gran mayoría, y mulatos y negros en minoría). *Oficinas privadas* (cubanos blancos casi todos, y algunos españoles), *jefes y oficiales de la Fuerzas Armadas* (cubanos blancos en casi su totalidad), *Profesionales e intelectuales* (cubanos blancos casi todos, pocos mulatos y negros), *Pequeños propietarios urbanos, rentistas rurales e hipotecaristas* (españoles y cubanos blancos), Comerciantes *detallistas* (españoles –catalanes en la provincia de Oriente; gallegos en la otra provincia– y chinos)

Clases adineradas y poderosas: {Altos *jefes políticos* (cubanos blancos), Tenedores de bonos de compañías de servicios públicos y del Estado (inmensa mayoría de norteamericanos, crecida mayoría de ingleses, pequeña minoría de españoles y cubanos blancos), Industriales *de variadas dedicaciones* (solos españoles al principio; después, algunos cubanos blancos; por ultimo: mayoría de norteamericanos y hebreos), *Grandes propietarios urbanos, rentistas rurales e hipotecaristas* (minoría de cubanos y mayoría de españoles), *Grandes comerciantes importadores y exportadores* (al principio solamente españoles; más tarde. También hebreos del Oriente europeo), *Mineros* (norteamericanos), *Banqueros* (pocos cubanos, algunos españoles e ingleses, muchos norteamericanos)

De tal composición abigarrada, heterogénea, no brotaba una firme ni siquiera clara constitución social que respondiera a los postulados de la Constitución del Estado. Un egoísmo disociador no sólo impedía prensión entre las distintas clases. Esos morbosos estados de división en una sociedad siempre proclive a las conquistas o las invasiones extrañas, no siempre realizadas impulsiva, rápida y violentamente, sino a veces llevadas a cabo por penetración cautelosa, gradual y pacífica. De este último modo continuaron llegando a Cuba españoles y chinos y así comenzaron a entrar jamaiquinos, haitianos, hebreos y yanquis. La sociedad estatal no pudo comprenderse ni entenderse desde 1899 hasta 1933 con tanta extranjerización.

Dentro de las clases populares, ¿cómo era posible que hablaran el mismo lenguaje, material y espiritualmente, el chino, el jamaiquino, el haitiano y el español y el cubano? Una ideología muy simbólicamente expresiva llegó a prender, por esa época, en ciertas capas del proletariado urbano –sobre todo dentro de las dos más cultas: los tipógrafos y los tabaqueros–: el anarquismo;

simbólicamente expresiva por su índole misma y por la extranjera y distante: venía de Europa, por vía española, y con espacial pasaporte catalán.

Un miserable jornal, una situación antihigiénica saturada de gérmenes patógenos en permanente desarrollo, un creciente analfabetismo, la no aparición de un solo *leader*, postró al campesinado y le impidió levantar su voz en ansias de mejoramiento, disgregándola bajo las masas vacías de ideas y de genuinas aspiraciones de las bandas políticas al uso. Por ello, los dirigentes de estas últimas le asignaron siempre el papel de comparsa, para explotar su entusiasmo ingenuo e ilógico en las *caballerías* y en los gritos de las manifestaciones y los mítines.

En una zona intermedia de las clases populares a las clases medianas, aparecieron dos peligrosos movimientos secesionistas: regional el uno, localizado en la provincia de Oriente, que se estimaba preterida, en su ascendencia económica y en su ascendiente histórico, por la Administración central; étnico el otro, propulsado por negros de campos y Poblaciones que juzgaban menoscabados sus trechos políticos en la legislación que les prohibía asociarse electoralmente como grupo racial. Los negros de las capitales y de las grandes ciudades se inclinaron a mantenerse unidos con la raza blanca, siguiendo la inspiración de aquellos jefes suyos que tenían suyos que tenían mas prestigio intelectual e histórico.

Saliendo de esa misma zona intermedia de las clases populares a las clases medianas, aunque más ingresados en las segundas, oficiaron de fiscales del Estado los que antes abogaron por la Nación: los veteranos de la independencia. Pero la confusión había enturbiado sus filas precisamente cuando el ideal amoroso de la Nación vio el primer portillo de casamiento con el Estado: durante el armisticio –un armisticio que meridianamente no podía subseguirse más que de una paz impuesta por los vencedores– el Ejército Libertador vio poblarse sus desmirriadas filas de los días de abnegación y sacrificio en la manigua, nunca, en tales trances, superiores a veinte mil almas, por más de sesenta mil individuos aprovechados ahora en la calma sin riesgos de los campamentos próximos a los centros urbanos, no pocos de ellos anteriores simpatizantes o activos partidario de la dominación española, que entrarían después en el reparto de la paga de treinta y cinco millones de pesos, haciéndole desembolsar a la sociedad cubana para la banca extranjera, durante más de cuarenta años, una cantidad superior a setenta y siete millones de dólares.

Entre los profesionales de las clases medias, hay que consignar un aparte para los ingenieros, los arquitectos y los médicos. Los primeros, en crecido número graduados en centros superiores de los Estados Unidos, han vuelto a su país para dotar a la enseñanza universitaria y a las actividades profesionales de seriedad, rigor, disciplina y cumplimiento de los deberes, todo lo cual les ha dado un orgullo y cierto tono aristocrático un poco aisladores. A la volición y buen gusto de los segundos se debe el poco ornamento de nuestras ciudades. Los terceros, formados fundamentalmente en las explicaciones y prácticas de la Universidad de la Habana y ampliando los especialistas sus estudios en universidades francesas, norteamericanas o alemanas, llegaron a integrar una clase en que ha sobresalido la alta capacidad en la Capital, y que ha sido en toda la República muy discreta, respetada, bien llevada y generosa entre sí, no exenta si presentablemente unidos por razones dimanadas de la esencia misma de la institución a que pertenecían, potencialmente no lo estaban tanto, que el decurso de la vida republicana había ido poniendo compartimiento estancos entre los jefes, procedentes casi todos del Ejército Libertador, desconocedores de la belicología del siglo xx, y que debían por lo común los ascensos a la participación en las contiendas electorales y en las guerras civiles, y la joven oficialidad preparada en las academias militares con bastante eficiencia técnica, muy conglutinada por el espíritu de cuerpo, engreída, altanera, y a la que un mero y breve paseo a ciertas horas del día por el cuartel, el campamento o el barco de guerra fue distanciándola por otro compartimiento estanco de las clases populares de la milicia, frente a las cuales extremó la contraposición de una actitud prejuiciosa.

En el destino particular se hallaba el espécimen mejor del hombre medio de nuestra primera sociedad estatal. Como la intrínseca conveniencia del interés privativo exige tener personal útil, este tipo de empleado no entra en la ocupación sin que se le indaguen la conducta y la capacidad, ni se mantiene en aquella sin que se le averigüen la honradez y la competencia, ni mejora de categoría y sueldo sino por el comportamiento eficaz y la antigüedad. Todo ese ordenamiento de condiciones hace del oficinista privado un hombre de vida regular, metódica, formal, laboriosa. ¿Se puede encontrar en la cubanidad del primer tercio republicano un modelo social mejor que el de ese pagador de banco, al que, aún muy entrado el mediodía y a punto de terminar su trabajo de ventanilla para afuera, todavía le suele quedar humor, a pesar del trato con tanta gente, no siempre bien educada y atemperada, y del manejo riesgoso de tantos billetes?

Y es que el que trabaja en una mesa de sociedad mercantil o industrial sabe que está seguro mientras cumpla con su deber. Todo lo contrario, ocurre con el burócrata, el cual consigue las más de las veces el nombramiento Por el padrinazgo del político influyente, y mientras dura el poder y el favor de éste aparece su nombre en la nómina, cualquiera que sea la calidad de su labor o inclusive sino realiza ninguna. La crecida cantidad de malos oficinistas públicos le hacen el vacío astado; el poco número de los buenos tienen que sostener, faltos de estímulo, una lucha estoica contra sí mismos cada día, y sacar sacar fuerzas voluntaristas de flaquezas escépticas para sostener la administración pública. Y así, donde la sociedad estatal debió afirmarse afirmarse sobre roca, se ha deslizado en ciénaga.

Camagüey

Los pequeños propietarios urbanos, más que los rentistas rurales y mucho más que los hipotecaristas, han demostrado su preocupación por el progreso social desde ciertas asociaciones cívicas, y alguna vez se han hecho sentir en las contiendas electorales a favor del mejor candidato al máximo cargo ejecutivo municipal.

El comerciante detallista ofrece un ejemplo de adquisición lenta de la riqueza, generalmente ilimitado en las otras clases económicas, da muestras de auto-dominio entre los cotidianos inconvenientes que le salen al paso, y revela cierto ego-altruismo, por lo que beneficia a las clases medias y populares, con la amplitud de su crédito.

Los componentes de las clases adineradas resultaban los más poderosos a causa de los varios medios indirectos que tenían para decidir en los poderes públicos. A poco de la separación de España, los generales y coroneles del Ejército Libertador que aspiraban a ser altos jefes políticos procuraron asociarse en sus negocios a los magnates del comercio español o de la industria norteamericana.

Algunos políticos de la primera promoción esas altas jefatura cesaronse en evidentes matrimonios de conveniencia con hijas de extranjeros ricos, abriéndose así las puertas no solamente de alta posición económica sino también de la social capitalina desde su situación de profesionales provincianos. Y a partir de las primeras Cámaras de la República hasta las de hoy, siempre ha habido, entre representantes y senadores, abogados de esos comerciantes y de esos industriales. Y no solamente por razones de origen, sino también de número y de organización, las clases adineradas han sido las más desintegradoras de la sociedad estatal y aún las más disociadoras de la sociedad nacional. Por razones de número porque han compuesto una insignificante, una atómica minoría, la cual, por procedimientos no sociales, sino económicos, ha decidido del adverso modo de vivir material y espiritual de grandes, inmensas mayorías de la sociedad por cubana de los tiempos de la Separación.

Y por razones de organización, porque tales clases tendieron más cada día a emplear su dinero sobre la tierra o la manufactura cubana, pero a gozarlo desde el extranjero en rentas o en intereses de bonos de compañía anónima. Así, individuos —nunca más precisa y certeramente utilizada esta palabra– que no son cubanos, sin cónyuge cubano, sino hijos nacidos en territorio cubano, que a veces no han estado nunca en Cuba, y que nunca en ocasiones no saben ni geográficamente dónde se encuentra situada, disfrutan de ganancias económicas a costa de sudores cubanos al mismo tiempo que sustraen la protección de sus intereses, adquiridos o incrementados en el seno de la sociedad estatal, a las dependencias administrativas que la gobiernan, a los tribunales de la República de Cuba, a su Secretaría de Justicia, a su Secretaría de Estado. Ese carácter absentista y anónimo del alto capital invertido en Cuba explica su indiferencia gélida para las necesidades y aspiraciones del pueblo cubano. ¡Cuán distinta conducta la de los capitalistas nativos de las postrimerías de la centuria décimo octava y de toda la décimo nona, los cuales se preocuparon y ocuparon de la niñez desvalida e ignorante y de las clases populares iletradas –como todavía lo proclaman, entre otras instituciones, la Casa de Beneficencia y Maternidad y la Sociedad Económica de Amigos del País–, del comportamiento que siguen los enriquecidos de Cuba o sobre Cuba del siglo xx –que en tantos casos no han estado nunca en Cuba–, los cuales jamás han sido ricos hacia Cuba, jamás han revertido alguna pequeña parte de sus cuantiosas fortunas para proteger las necesidades de salud y alimentación de los niños desvalidos o los ancianos indigentes, o las aspiraciones de cultura de los jóvenes pobres! Y, por regla general, la pequeña parte de esas clases adineradas residentes en el perímetro de nuestra isla, educan a sus hijos desde la niñez en colegios extranjeros, sin que falten los que les inculcan cierto desprecio para las cosas de su tierra nativa. Pertenecen a esas clases sociales los que han estado importando en la sociedad cubana un vicio que le era desconocido: la beodez.

III

Si las islas no parecen haber sido hechas para estimular inicialmente entre los hombres el ánimo de asociación, al contrario, la de Cuba, por su estructura, configuración, relieve y distribución peculiares, brinda el ámbito mejor para producir la uniformidad social. Pero la Historia se le ha atravesado a la Naturaleza en nuestro proceso social para acercarnos a la insularidad y alejarnos de la cubanidad. Por una parte, cuatro siglos y medio de evolución histórica suman muy poco tiempo para que una sociedad posea experiencia de sí misma. Por otra parte, esa sociedad no ha podido integrarse totalmente, no ha podido salir del estado de sorpresa que significa el encuentro de una de las etnias históricas más viejas con una de las razas más nuevas en la historia, más conservadoras de su virginidad antropológica. La primera, como única casta dominante en cuatro siglos de Factoría, impuso su retenido individualismo medieval que ha llevado a publicar no hace mucho a uno de sus

La Habana

SECRETARIA DE OBRAS PÚBLICAS
NEGOCIADO DE EMBELLECIMIENTO
PLAZA DE LA CATEDRAL
NO.6996.
20.NOV.1928.

La Habana

penetrantes pensadores lo que sigue: "El individualismo del español se manifiesta con fuerza singular en todo lo que atañe a la defensa de la personalidad contra las invasiones del medio".

Tal es probablemente el secreto del instinto hostil a toda asociación que con frecuencia se ha observado en los españoles. "De igual raíz individualista procede, sin duda, también la tendencia española a invertir la escala de los valores sociales usualmente aceptada, al menos en teoría. Individualismo no quiere decir egoísmo, y, por consiguiente, el yo, en el sentido estrecho de esta palabra, no figura necesariamente en la cima de esta escala de valores". Sin embargo, el yo es el elemento esencial de esta escala, porque constituye el criterio sobre el cual está construida, puesto que las entidades socales mejor servidas son aquellas que se hallan unidas al individuo por los lazos más íntimos y personales: primero la familia. luego, los amigos. "El Estado ocupa, la Ciudad, la Provincia, la religión ejerce sobre el individuo una autoridad inversamente Proporcional a su importancia real, pero directamente proporcional al grado de intimidad que le une a él"[7].

Y, en efecto, el sentido de lo colectivo la sociedad cubana no traspasa los límites de esas dos entidades: la familia y la amistad. Se quieren llenar tanto que se

---

7   Salvador de Madariaga: *Ingleses, franceses, españoles*. (Ensayo de Psicología Comparada). Espasa-Calpe, Madrid, 1929. Págs. 89 y 90.

desbordan. La familia se prolonga por vía ascendente, descendente y colateral, por cognación y agnación' no se sabe hasta dónde. La amistad nace fácilmente, y sirve para justificar desde los más pequeños servicios hasta los juicios sobre las cuestiones más complejas y delicadas. Familia y amistad salen de sus cauces y se derraman hasta por el Estado: el mayor número posible de puestos públicos los destinan los gobernantes para los que, a falta de otros títulos, tienen el de parientes y amigos, sobre todo los cargos de confianza.

Sería curioso indagar por qué la amistad no se ha regulado jurídicamente en las leyes, los códigos y las constituciones del mundo. En nuestra legislación reclamaría un articulado muy particular.

La familia cubana es el producto complejo de la poligamia africana, de la antigua barraganía hispánica, de la monogamia católica y de la regulación del derecho romano.

De fuera nos han venido casi todas nuestras otras formas de vida. La religión, del fanatismo y tradicionalismos católicos españoles y el fetichismo africano; las instituciones jurídicas civiles, de España; las doctrinas morales, de la cultura occidental, la ideas estéticas y políticas, de Francia, los organismos estatales, de los Estados Unidos.

Mas hay una forma del vivir en la que la sociedad cubana manifiesta una incipiente aspiración vernácula: el léxico. Ya se sabe que el lenguaje es uno de los fenómenos de más importancia en la vida social. Hay quien lo considera la institución fundamental de la sociedad. Por otra parte, es la base de la cultura. Desde la tribu, por lo menos, todos los grupos humanos han tenido su lengua para expresar y comunicar su sentido del mundo, de la vida y de la sociedad. Se habla para los demás, y aun cuando la persona habla sola o ensaya un discurso, piensa en los demás. Si el hombre no hubiese salido de la fase de la horda, creando entre otros medios de comunicación del lenguaje, la lucha de todos contra todos hubiera aniquilado a la humanidad. La lengua es tan poderoso agente de socialización del individuo que Adler les niega sentimiento de colectividad a los niños mudos. Las palabras, por medio de la comunicación conducen a la comunidad. Del lenguaje, común a una raza histórica, se van desprendiendo los léxicos que, tras una evolución de centurias, llegan a integrar nuevos lenguajes. El léxico es el vagido de la personalidad nacional, es manifestación primigenia de que existe una comunidad humana, la cual ya no siente ni quiere ni piensa como aquellas otras que le dieron vida.

El carácter de la sociedad cubana tiene una definición lexicográfica –muestra significativa de su aspiración a lo singular–, en la que la informalidad figura como elemento típico. La informalidad tiene que ver mucho con la informidad. Se es serio, exacto, puntual y consecuente cuando se ha salido de la vaguedad e indeterminación, cuando se ha adquirido forma, figura y hasta perfeccionamiento. Y estas virtudes son propias de etnias históricas definitivamente integradas, de las que se han formado, como la cubana, por una raza histórica deshecha y otra por hacer.

El vocablo de más acepciones y derivaciones en el léxico cubano se emplea para caracterizar muchas situaciones adversas o negativas, y corresponde al nombre de un animal inquieto: el chivo. Adversidad, negación, animalidad, inquietud. Podrían tomarse esos cuatro caracterismos para sumarlos a esta consecuencia definitoria: preocupación por lo que está en contra de la propia naturaleza humana, sin hallarle solución a favor. Si del rodeo en torno a un vocablo pasamos a la multiplicación de palabras, veremos que donde más se extiende el sentido creador del léxico cubano es en lo atinente al sexo y al sensorio, es decir al origen de la vida zoológica.

Siguiendo el orden de más a menos, viene después la violencia, que es ímpetu primigenio de la energía orgánica; luego, la economía: medio elemental de sostenimiento; más tarde, el engaño: procedimiento de huir de la fuerza de la verdad con débil disfraz de apariencia; con posterioridad, los despectivos, que revelan desequilibrio hacia abajo en el concepto de *valor*, y este último se adquiere lo general, mediante la ponderación qué da la experiencia; detrás, el escándalo público: extraversión primitiva; a más distancia, la debilidad de carácter: confesión con relevó de pruebas; en lejanía, la poquedad de entendimiento: expresión de las limitaciones ambientales; ulteriormente, las anomalías: atención a lo irregular por los que no se sienten ajustados; últimamente, la vanidad, pasión de niños y mujeres…

Y como declaración final, lejos de hacer afirmaciones rotundas y contundentes, término con un procedimiento grato a la fenomenología dejando en la mente de los estudiosos esta pregunta: ¿qué características han ofrecido las sociedades con cuatro siglos y medio de historia compuestas por una raza paleohistórica y por otra ahistórica?

Esquema de sociografía Indocubana: Trabajo presentado al Séptimo Congreso Científico Americano celebrado en México D.F. en 1935.

José Elías Entralgo Vallina

Nace en La Habana, el 28 de marzo de 1903 y muere el 4 de septiembre de 1966. Cursó la primaria en las Escuelas Pías de Guanabacoa y el bachillerato en el Instituto de su ciudad natal (1922). Se graduó en la Universidad de La Habana de Doctor en Derecho Civil (1927), en Derecho público (1928) y en Filosofía y Letras (1929).

Profesor instructor de Sociología en dicha Universidad durante el curso 1929-1930, renunció durante la tiranía de Machado.

En 1934 volvió a la Universidad para ocupar las cátedras de Historia de Cuba y Sociología Cubana. Fue miembro de la Sección de Ciencias Históricas del Ateneo de La Habana, bibliotecario de la Sociedad Económica Amigos del País, fundador del Instituto de Altos Estudios de Cuba, miembro correspondiente del Círculo de Altos Estudios de Rosario (Argentina) y miembro del *Instituto Internacional de Estudios Ibero-americanos de París*.

Dirigió las revistas *Universidad de La Habana* y *Vida Universitaria*. Fue secretario de redacción de la revista *Bimestre Cubana*. Colaboró en *Cuba contemporánea*, *Repertorio Americano* (Costa Rica), Revista de Occidente. Pronunció numerosas conferencias. Publicó su *Historia Social* en el tomo 4 de *Historia de la Nación Cubana*. También seleccionó la antología de *José Martí. Ideas políticas y sociales*.

Publicó más de 150 artículos en periódicos y revistas. Realizó al menos las siguientes cinco lecturas en el curso de Introducción a la Historia de Cuba, organizado por el Instituto Popular del Aire: *Monopolio del Tabaco, Sublevación de los Vegueros, Los problemas de la Esclavitud, Conspiración de Aponte, La República: el proceso político interno*, entre otras destacadas intervenciones.

Su labor como crítico literario, sociólogo e historiador resultó abundante y de ella puede documentarse el lector echando un vistazo a su vasta bibliografía, cuyos primeros títulos se remontan a 1921 y 1922, cuando el autor aún no había cumplido 20 años y, sin embargo, eran ya enormes sus inquietudes como investigador de la literatura cubana en torno a las figuras de Luisa Pérez de Zambrana y Domingo Delmonte.

Al morir con 63 años, desempeñaba los cargos de Decano de la Facultad de Humanidades, presidente de la Comisión de Extensión Universitaria y presidente de la Comisión Nacional Cubana de la UNESCO.

Obras

Luisa Pérez de Zambrana: Conferencia leída en el Liceo Artístico y Literario de Guanabacoa el 31 de julio de 1921.

Pepe Antonio: Contribución histórica leída en el Ateneo de la Habana, el 26 de febrero de 1922.

Perfiles: Apuntes críticos sobre Literatura Cubana Contemporánea, 1923.

Domingo Delmonte y su época: Conferencia leída en el Colegio de Arquitectos de la Habana, 8 de abril de 1922.

El cristianismo: Conferencia en la Universidad del Aire, 1933.

Decadencia de la monarquía absoluta y aparición de la idea democrática. Conferencia en la Universidad del Aire, 1933.

La Revolución Norteamericana: Conferencia en la Universidad del Aire, 1933.

Imperialismo y Nacionalismo en el siglo xix: Conferencia en la Universidad del Aire, 1933.

Cuba hasta 1837. Conferencia en la Universidad del Aire, 1933.

El fenómeno social latino-americano: Conferencia en la Universidad del Aire, 1933.

El pensamiento político-social en la América Latina: Conferencia en la Universidad del Aire, 1933.

El ideario de varona en la filosofía social: Conferencia leída en el homenaje y exposición de libros dedicados su muerte, el 19 de noviembre de 1934.

Esquema de sociografía indocubana. Molina, La Habana, 1935.

José Silverio Jorrín; o la timidez política. Molina, La Habana, 1937.

Historia de Cuba. 20 tomos. (Copias de clase. Edición Mimeografiada), Universidad de La Habana, Facultad de Derecho y Ciencias Sociales. Departamento de Copias, La Habana, 1937-1956.

Síntesis histórica de la cubanidad en los siglos XVI y XVII. Molina, La Habana, 1944.

Los diputados por Cuba en las cortes de España durante los tres primeros períodos institucionales (Trabajo presentado por el académico correspondiente en Marianao y aprobado en la sesión ordinaria de 20 de abril de 1944). Imprenta "El siglo XX", La Habana, 1945.

La genuina labor periodística de Enrique José Varona, Editorial Librería Selecta, La Habana, 1949.

Doctrina del progreso + revolución mecánica = El Lugareño. Disertación dicha en el Salón de Actos de la Sociedad Económica de Amigos del País en la noche del viernes 8 De agosto de 1952. Imprenta de la Universidad, La Habana, 1956.

Bohemia
15¢
www.todocoleccion.net

Santiago de Cuba

Santiago de Cuba

La Habana

LAMPARAS
QUESADA
REFRIGERADORES
Frigidaire
QUESADA
VISTA ALEGRE" TELU-3332

CIGARROS
TRINIDAD y HNO
PRUEBE Y COMPARE
Kodaks

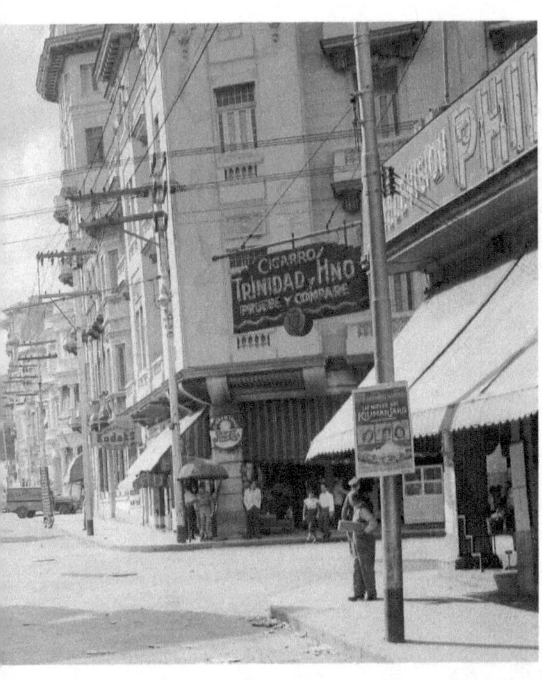

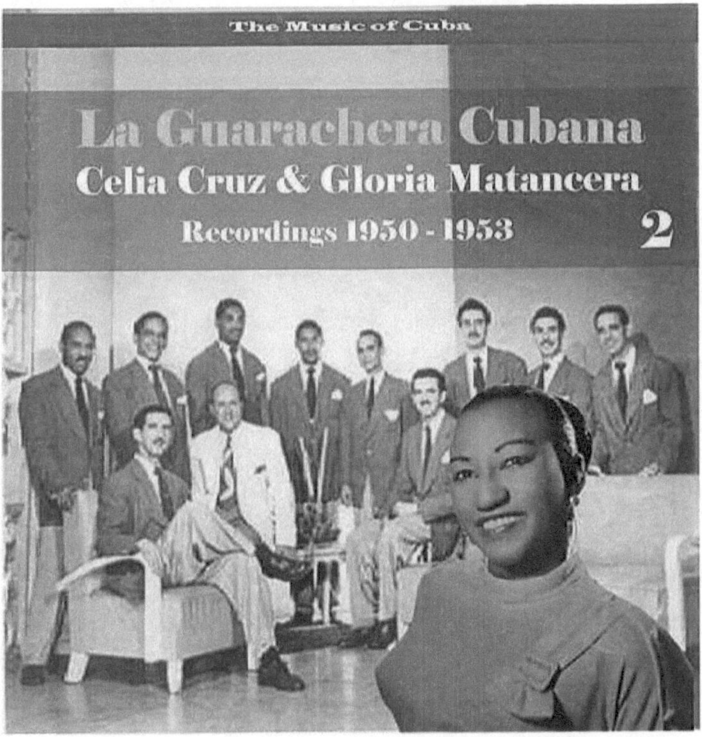
The Music of Cuba
La Guarachera Cubana
Celia Cruz & Gloria Matancera
Recordings 1950 - 1953
2

La Habana

Fulgencio Batista (1901-1973)

BIBLIOGRAFÍA DEL PRÓLOGO

AUGIER, Angel: "Lecturas y estudios". En: *Revista de la Biblioteca Nacional*, 27, mayo-agosto, 1963.

CHACÓN Y CALVO, José maría. "En recuerdo de Elías Entralgo". En: *Vida Universitaria*, No. 195, 40-42, noviembre, 1966.

CONEJERO, Juanita: "Elías Entralgo, un hombre de cultura". En *Cubarte*, 17 de octubre 2009.

GARCÍA CARRANZA, Araceli: "Aproximaciones biobibliografica al doctor Elías Entralgo Vallina". En: *Revista de la Biblioteca Nacional José Martí*, (1), 1988.

HOSTOS, Eugenio María: *Tratado de sociología*. Imprenta de Bailly-Bailliere e hijos, Madrid, 1904.

______: *Geografía evolutiva*. La Nación, 1896.

WIESE, Leopordo Von: *Sociología: historia y principales problemas*. Trad. Rafael Luengo Tapia. Barcelona: Labor, 1932.

______: "Rasgos fundamentales de una teoría general de la organización". En: *Revista de estudios políticos*, N.º 79, 1955, p. 25-34..

______: "La filosofía de los pronombres personales". En: *Revista de estudios políticos*, No. 134, 1964, p. 5-10.

______: "Lo social en la vida y en el pensamiento". En: *Reis: Revista española de investigaciones sociológicas*, N.º 64, 1993, p. 247-316.

JEREZ VILLARREAL, Juan: "Impresionismo crítico". En: *Isla*, 1, junio, 1965

Marrero, Leví: *Historia económica de Cuba*. Universidad de La Habana, 1956.

Pérez de la Riva, Juan: *La conquista del espacio cubano*. Fundación Fernando Ortiz, La Habana, 2004

Pogolotti, Marcelo: "La estratificación social". En: *La Republica de Cuba a través de sus escritores*. La Habana, Editorial Lex, 1958.

Sánchez Cano, José: *El formalismo sociológico y Leopoldo Von Wiese*. Madrid, UCM, 2006.

Ediciones Exodus

La presente edición de
Períoca sociográfica de la cubanidad
se realizó entre Barcelona y Miami
en octubre de
2017

Edición conmemorativa para la
I Convención de la Cubanidad
Miami, 28 enero del 2018